ALINE ⁵

Numas de colegial

Livros do autor na Coleção **L&PM** POCKET

Aline e seus 2 namorados (1)
Aline: TPM – tensão pré-monstrual (2)
Aline: viciada em sexo (3)
Aline: finalmente nua!!! (4)
Aline: numas de colegial (5)

ADÃO ITURRUSGARAI

ALINE ⁵
Numas de colegial

www.lpm.com.br

L&PM POCKET

Coleção **L&PM** POCKET, vol. 922

Primeira edição na Coleção **L&PM** POCKET: janeiro de 2011

Capa: Adão Iturrusgarai
Revisão: Gustavo de Azambuja Feix

Cip-BRASIL. Catalogação-na-Fonte
Sindicato Nacional dos Editores de Livros, RJ.

I87a
v.5

Iturrusgarai, Adão, 1965-
　　Aline, 5: numas de colegial / Adão Iturrusgarai. – Porto Alegre: L&PM, 2011.

　　128p. : principalmente il. – (L&PM POCKET, v. 922)
　　Texto em quadrinhos
　　ISBN 978-85-254-2113-5

　　1. Histórias em quadrinhos. I. Título. II. Título: Numas de colegial. III. Série

11-0151.　　　　　　　　CDD: 741.5
　　　　　　　　　　　　CDU: 741.5

© Adão Iturrusgarai, 2011
www.iturrusgarai.com.br

Todos os direitos desta edição reservados a L&PM Editores
Rua Comendador Coruja 314, loja 9 – Floresta – 90.220-180
Porto Alegre – RS – Brasil / Fone: 51.3225.5777 – Fax: 51.3221-5380

Pedidos & Depto. Comercial: vendas@lpm.com.br
Fale conosco: info@lpm.com.br
www.lpm.com.br

Impresso no Brasil
Verão 2011

ALINE GANHA ROUPINHA DE COLEGIAL...
AGORA NOS RESPONDA UMAS PERGUNTAS...
SE ERRAR, VAI **LEVAR PAU!**
QUAL É O RESULTADO DESTA EQUAÇÃO?
√9 = x· / a
©ADÃO
PEDRO ÁLVARES CABRAL EM 22 DE ABRIL DE 1500!!!
VAMOS CORRIGIR AS SUAS PROVAS!
TÁ FEIA A COISA...
MATEMÁTICA, ZERO...HISTÓRIA, ZERO... PORTUGUÊS, ZERO!...
MÉDIA... 10!
©ADÃO

A COLEGIAL
OTTO! O QUE VOCÊ ESTÁ FAZENDO? VEM LOGO!!
© ADÃO
ESTOU COLOCANDO A ROUPA DE PROFESSOR!...
...DE MERGULHO!

A COLEGIAL
ESTRELANDO: ALINE E PEDRO
FESSÔ!!
PARA COM ISSO: EU TENHO 45 ANOS E VOCÊ É MENOR DE IDADE! ALÉM DISSO, EU SOU CASADO COM FILHOS!
EU SÓ QUERIA SABER O TEOREMA DE PITÁGORAS!
a²=b²+c²!
© ADÃO

A COLEGIAL
3º CAPÍTULO
ALINE! VISTA A ROUPA IMEDIATAMENTE!
MAS EU ESTOU VESTIDA!!
ENTÃO DISPA-SE!!
©ADÃO

VAI LÁ NO QUADRO-NEGRO E ESCREVE...
"DEVO DAR PARA O PROFESSOR!"
QUANTAS VEZES?
ATÉ VOCÊ FICAR COM VONTADE!
©ADÃO

A COLEGIAL
5º CAPÍTULO
ALINE!
© ADÃO
NÃO É BOM FICAR LENDO NESSA POSIÇÃO!..
FAZ MAL PRA COLUNA!
ALINE! DEIXA DE SAFADICES E VAMOS ESTUDAR!
© ADÃO
AGORA, AULA DE LITERATURA!
VAMOS PROCEDER À LEITURA DE UM CLÁSSICO!!
LOLITA
VLADIMIR

QUE FOI, FESSÔ?
TÔ NA DÚVIDA!
NA DÚVIDA, SE FAZ SEXO OU NÃO COMIGO?
NÃO...
...SE FAÇO COM OU SEM CULPA!
©ADÃO

VAMOS FAZER SEXO!
©ADÃO
AONDE VOCÊ VAI?
JÁ VOLTO! VOU VESTIR ALGO...
...MAIS CONFORTÁVEL!

A COLEGIAL
CAPÍTULO INÉDITO
IH, O DIRETOR!!
ABSURDO!!
IAM TRANSAR SEM CAMISINHA?!
© ADÃO
O DIRETOR FLAGRA A COLEGIAL COM O PROFESSOR...
PERVERTIDA!
IMORAL!!
SUJA!!
DEVASSA!!
ONDE VOCÊ APRENDEU ISSO?
NA ESCOLA!!
© ADÃO

FESSÔ!!!
TÔ COM FOME!!
VOU BUSCAR A MERENDA ESCOLAR!
CANAPÉS E DRY MARTINI?!!
©ADÃO

A COLEGIAL
PENÚLTIMO CAPÍTULO
VAMOS FUGIR JUNTOS!
MAS VOCÊ TEM UMA MULHER E TRÊS FILHOS PRA CRIAR!!
NÃO É UM BOM MOTIVO?
©ADÃO

ONDE VOCÊ VAI SURFAR, PAPAI? NÃO TEM MAR POR PERTO!
É SÓ BOTAR A PRANCHA EM CIMA DO CARRO E VIAJAR!
©ADÃO
IH! VOU TER QUE COMPRAR TAMBÉM UM CARRO!

COMO É NAMORAR O PAI DA ALINE?
NÃO ROLA UM PROBLEMA DE DIFERENÇA DE IDADE?
©ADÃO
SÓ ROLA!
SURF

PRA QUÊ COMPROU ESSE TRAMBOLHO DE PRANCHA? GASTOU UMA FORTUNA E NEM SURFAR SABE!..
VOCÊ NÃO VAI DIZER NADA?
ÍÇA!!
© ADÃO
ESPERO QUE VOCÊ NÃO ME TROQUE POR ESSA MALDITA PRANCHA!
LÓGICO QUE NÃO!
O CARA DA OUTRA MESA NÃO PARA DE OLHAR PRA CÁ!
Ô, PALHAÇO!!..
PARA DE OLHAR PRA MINHA PRANCHA!!!
© ADÃO

O PAI DA ALINE APRENDE A SURFAR...
© ADÃO
SURFE É QUE NEM SEXO! VOCÊ TEM QUE TREINAR PRA FICAR **EM PÉ**!

O PAI DA ALINE APRENDE A SURFAR...
E OS TUBARÕES?...
NÃO SE PREOCUPE...
O ÚLTIMO ATAQUE DE TUBARÃO NESTA PRAIA FOI REGISTRADO NO DIA 17 DE JULHO DE 2001...
POR SINAL, HOJE!
© ADÃO

O PAI DA ALINE NÃO QUER SURFAR, QUER PAQUERAR!
© ADÃO
HOJE ELE SE DEU BEM...

ENQUANTO EU PEGO UMAS ONDAS VOCÊ FICA AQUI ME ESPERANDO!
QUANDO EU CONSEGUIR FICAR EM PÉ NA PRANCHA A GENTE VAI EMBORA!
OK!
© ADÃO

ESTEVAN E SEU INSTRUTOR DE SURFE.
AÍ, BROTHER...
© ADÃO
O MELHOR SHAPE PRA QUEM TÁ COMEÇANDO É FUN OU LONGBOARD! SE LIGA NO SWELL E EVITE AS CROWDS!
VOU PRECISAR DE UM INSTRUTOR DE INGLÊS!
ALOHA!!

O PAI DA ALINE...
NÃO ENTENDO ESSA SUA QUEDA PELO SURFE, ESTEVAN...
VOCÊ É UM CARA SUPER URBANO
© ADÃO
HOJE EM DIA SURFAR É UMA COISA MEIO URBANA!

MAMÃE ME DISSE QUE VOCÊ JÁ **BEIJOU** UM CARA!..
É VERDADE, PAPAI?
© ADÃO
ISSO FOI CULPA DOS **ANOS 60**!

OI, ALINE... TUDO BOM?.. O QUE VOCÊ TÁ FAZENDO?.. AH, TÁ LENDO... LEGAL! FIQUEI SABENDO QUE VOCÊ ANDA LENDO BASTANTE...
E O QUE VOCÊ TÁ LENDO AGORA?
© ADÃO
ESTEVAN E ADÃO
ATRÁS DA CAIXA DE **SUCRILHOS**!
NUTS
LEITE
A

JEAN-PIERRE, O BORRACHEIRO...
SEGUNDO THOMAS HOBBES, A SOCIEDADE SE ORIGINOU DE UM CONTRATO SOCIAL...
ADÃO E THAMY
...ESTE CONTRATO ACABOU COM A GUERRA DE TODOS CONTRA TODOS E O PODER DOS INDIVÍDUOS FOI CONFERIDO A UM SOBERANO...
E AÍ, ACHOU O FURO?
© ADÃO
O FURO?.. HOBBES DESCREVEU UM CONTRATO QUE NUNCA EXISTIU E OS HOMENS CONTINUAM SE MATANDO...
JEAN-PIERRE É UM NOME ESTRANHO PARA UM BORRACHEIRO...
É DIFERENTE!
UAU! QUEM É AQUELA GOSTOSA DO PÔSTER?
CLARICE LISPECTOR!
© ADÃO

A CADA CONSERTO DE PNEU, NOSSOS CLIENTES GANHAM UM **SONETO**!
BORR
UAU! VOCÊ É UM EXCELENTE POETA!
© ADÃO
E UM BORRACHEIRO DE MERDA!
EU PRECISO DE UM HOMEM DE BARBA MALFEITA...
...COM CHEIRO DE SUOR, SUJO DE TERRA E GRAXA...
E QUE DIGA **"ÓINC"**!
© ADÃO

EU E UM BORRACHEIRO FAZENDO SEXO NA BANHEIRA... NÃO PRECISO DE MAIS NADA!
©ADÃO
TÁ FALTANDO SÓ UMA COISA!
O QUÊ É ISSO?
HIDROMASSAGEM!!
FSSSSSSS
ESTAS CITAÇÕES LITERÁRIAS NÃO CONSISTIRAM EM UMA ALUSÃO...
©ADÃO
NÃO, BORRACHEIRO! FALA DAQUELE JEITINHO QUE EU GOSTO!
É SÓ SEGUÍ AS PRACA QUI NUM TEM POBREMA! NÓS FUMO PRO BOTECO TOMÁ UM MÉ!
UIFSS

IH, O OTTO E O PEDRO!!
MERGULHE!
VOCÊ VIU A ALINE POR AÍ?
NÃO, NÃO VI!
NÓS NÃO VAMOS SAIR DAQUI ENQUANTO ELA NÃO APARECER!
AZAR O DELA!
© ADÃO
NOS TRAIU MAIS UMA VEZ, ALINE!
E O QUE É PIOR: COM UM BORRACHEIRO!!!
ALÔ? SECRETARIA DE DIREITOS HUMANOS?..
GOSTARIA DE FAZER UMA DENÚNCIA DE UM ATO DE DISCRIMINAÇÃO!!

PROBLEMAS COM CHIFRES?
CHEGOU A SOLUÇÃO: DOBRADIÇAS CORNUCÓPIA!
É DE FÁCIL INSTALAÇÃO!
DEPOIS UM CHAPÉU BACANA RESOLVE A PARADA...
© ADÃO

O QUE FAZEMOS COM ESTA ADÚLTERA?
JÁ SEI! VAMOS COMPRAR UM CINTO DE CASTIDADE!
QUE MODELO O SENHOR SUGERE?
CINTOS DE CASTIDADE
BLINDADO, COM DUAS CHAVES QUÁDRUPLAS E ALARME!
© ADÃO

ESTE É O MELHOR MODELO DE CINTO DE CASTIDADE QUE TEMOS...
BLINDADO, EQUIPADO COM CHAVE TETRA E VEM COM **GARANTIA**...
...DE CINCO MINUTOS!
© ADÃO

O CINTO QUE VOCÊ NOS VENDEU É UMA **PORCARIA**!
QUAL O **DEFEITO** APRESENTADO?
CINTOS DE CASTIDADE
DERRETEU!
© ADÃO

VOCÊ JÁ DEU PRA BORRACHEIRO, BOMBEIRO, MOTORISTA, COZINHEIRO...
AGORA NÃO VAMOS TER MAIS PROBLEMAS, PEDRO!
© ADÃO
VOCÊ VEM SEMPRE AQUI?
CHAVEIRO

ALINE VAI DAR QUEIXA...
ME COLOCARAM UM CINTO DE CASTIDADE!
QUE HORROR!!
QUE COISA HORROROSA!!
© ADÃO
O MEU É GUCCI!
O MEU É PRADA!

ALINE CONTRATA UM CHAVEIRO PRA ABRIR SEU CINTO DE CASTIDADE...
© ADÃO
ISTO NUNCA ME ACONTECEU ANTES!
ESTRANHO! MESMO COM O CINTO DE CASTIDADE ELA CHEGA EM CASA **FELIZ** DA VIDA...
DESCOBRI **OUTRAS** FORMAS DE AMAR!
© ADÃO

O OTTO E O PEDRO COLOCARAM EM MIM UM CINTO DE **CASTIDADE!**
© ADÃO
ISSO É UM ABSURDO! COISA DA **IDADE MÉDIA!**
ALINE... QUER DAR UMA VOLTA?

ME VÊ UM QUILO DE TOMATE, BATATA, PIMENTÃO E SALSINHA!
ISTO AQUI É UMA LOJA DE **CD,** SENHORA!
TEM PEPINO DI CAPRI?

TEM ALGUM CD DO SEX PISTOLS?
PÓF
© ADÃO
E DO JULIO IGLESIAS?

VOU LEVAR ESTE CD DE PRESENTE PRA MINHA NAMORADA!
© ADÃO
"HINOS DO FUTEBOL POTIGUAR"?!
HINOS DO FUTEBOL POTIGUAR
EU TÔ A FIM DE ME SEPARAR DELA!

QUERIA DAR UM CD PRA MINHA NAMORADA... UMA MÚSICA QUE DEIXASSE ELA... LOUQUINHA!
PIXIES
LOUQUINHA? DEIXA EU VER...
ESCUTA SÓ! ESSA É...
...TIRO E QUEDA!
PIXIES
© ADÃO

FUI NA LOCADORA E ALUGUEI UM VÍDEO **PORNÔ**!
ALINE! VOCÊ É DOENTE!
© ADÃO
O TEMPO MÉDIO DE UMA RELAÇÃO SEXUAL ENTRE **BALEIAS-MINKES** É DE SETE HORAS.

HOJE NÃO ESTOU A FIM DE FAZER SEXO!
© ADÃO
VAI USAR A **DESCULPA** DE QUE TÁ COM DOR DE CABEÇA?
NÃO! VOU USAR O **ROBE MEDONHO**!

O PAI DA ALINE...
ESTEVAN! ESTA REVISTA DE MULHER PELADA É SUA?
É MINHA MAS EU NUNCA OLHEI!
© ADÃO
GATAS

O PAI DA ALINE...
VOU JOGAR SUAS REVISTAS DE MULHER PELADA NO LIXO!
GATAS
NÃO TEM PROBLEMA...
©ADÃO
TENHO TUDO GUARDADO NA MEMÓRIA!
GATAS

ALINE! DESCOBRI QUE SEU PAI TEM UMA COLEÇÃO DE **REVISTAS** DE MULHER PELADA!
ORA, ISSO NÃO TEM NADA DE **ANORMAL**, LINDA!
TEM CERTEZA?
©ADÃO
BIZARRO
VEGETAL

EM VEZ DE FICAR LENDO REVISTAS DE MULHER PELADA...
...LEIA UM BOM LIVRO!
CRÍTICA DA RAZÃO PURA
KANT
BROXEI!
© ADÃO

MEU MARIDO TEM REVISTAS DE MULHER PELADA!
VOCÊ ACHA ISSO **NORMAL**?
PSICANALISTAS NÃO PODEM DAR OPINIÃO!
© ADÃO

QUE GRAÇA VOCÊ VÊ NISTO?
SÓ COMPREI POR CAUSA DA **ENTREVISTA**!
ENTREVISTA COM... **LOLA CALIENTE** ?..
MINHA **ATRIZ PORNÔ** PREFERIDA!
GATINHAS
O PAI DA ALINE...
INCRÍVEL!!!
QUE PRODUTO ESTAS MULHERES USAM PARA FICAR COM A PELE TÃO LISINHA, SEM NENHUMA MARCA?
PHOTOSHOP!
© ADÃO

VOU ESCONDER ESTAS REVISTAS NUM LUGAR ONDE O ESTEVAN NUNCA VAI ENCONTRAR!
MEN
JÁ SEI! EM CIMA DO GUARDA-ROUPA!
MEN
MINAS
BUNDAS
LOIRAS
GATA
MEN
© ADÃO e Thamy

MISSÃO CUMPRIDA! JOGUEI FORA TODAS AS REVISTAS DE MULHER PELADA!
JÁ NAS BANCAS GATAS
© ADÃO

LINDA JOGOU FORA TODAS MINHAS REVISTAS...
MAS CONSEGUI SALVAR ESTA!
©ADÃO
MINAS
Sorria! Você está sendo filmado!
MINAS

DESCOBRI QUE O ESTEVAN TINHA UMA COLEÇÃO DE REVISTAS DE **MULHER PELADA**... JOGUEI TUDO FORA!!
QUER QUE ELE PROCURE UMA **AMANTE**?
©ADÃO
ME VÊ TODAS!!
BUNDAS
MINAS
TESUDAS
PEITOS
PUTAS
ASS

VOCÊS ACHAM QUE EU SOU **BURRA**?
FAZ UM TESTE DE **Q.I.**!
BOA IDEIA!
ESPELHO, ESPELHO MEU: EXISTE ALGUÉM MAIS **INTELIGENTE** DO QUE EU?
©ADÃO

ESPELHO, ESPELHO MEU: EXISTE MULHER MAIS **INTELIGENTE** DO QUE EU?
SE TOMARMOS COMO AMOSTRAGEM EMPÍRICA REPRESENTATIVA DO UNIVERSO FEMININO QUE...
...COMUNGA UM EXORBITANTE QUOCIENTE INTELECTIVO...
HÃN?
©ADÃO

ANTES EU ERA UMA MULHER BURRA...
© ADÃO
AÍ, TOMEI O TÔNICO CEREBRAL FÊMINA...
AGORA CONSIGO COZINHAR E PASSAR ROUPA AO MESMO TEMPO!!

NÃO É ASSIM QUE VOCÊ VAI FICAR MAIS INTELIGENTE...
COOK
...LENDO UM LIVRO DE RECEITAS!
© ADÃO
É UM LIVRO DE RECEITAS EM PRETO E BRANCO SEM LEGENDAS!
COOK

JÁ SEI POR QUE FIQUEI **BURRA**!
SÓ PENSO EM SEXO! ESTÁ NA HORA DE LER **LIVROS**!
KAMA SUTRA
© ADÃO

VOU LER UM MONTÃO DE LIVROS ...
MARX
FREUD
NIETZSCHE
...E FICAR INTELIGENTE!
© ADÃO
THOMAS HOBBES
LEVIATÃ
ABERMAS
BETWEEN FACTS AND NORMS
JUNG
KANT
E ENTÃO?
"SÓ SEI QUE NADA SEI!"
FREUD
MARX
HEGEL
PLATÃO

MÃE! ANDO ME SENTINDO MEIO **BURRA**!..
© ADÃO
POR QUE NÃO VAI ESTUDAR NUMA ESCOLA DE **SUPERDOTADOS**?
ESCOLA DE SUPER-DOTADOS?..
ME VÊ DEZ CAIXAS DE CAMISINHAS **EXTRA GRANDE**!
GRA
GRIPE?

PRA SER INTELIGENTE, NÃO BASTA LER UM LIVRO! TEM QUE FAZER **CARA** DE INTELIGENTE!
PLATÃO
REPÚBLICA
COMO É "CARA DE INTELIGENTE"?
PRIMEIRO TEM QUE FRANZIR A TESTA, SEMICERRAR OS OLHOS, EMPINAR O NARIZ... DEPOIS...
NÃO CONSIGO **LER** DESTE JEITO!
NÃO PRECISA!.
PLATÃO
REPÚBLICA
© ADÃO

ALINE VAI FAZER UM TESTE DE Q.I.
TIRE A ROUPA!
PRA QUÊ TIRAR A ROUPA?...
ISTO É SÓ UM TESTE DE Q.I.!
JÁ GANHOU 30 PONTOS!
© ADÃO

ALINE ESTÁ SE ACHANDO BURRA...
POR QUE NÃO VAI PROCURAR UM MÉDICO?
DOUTOR... TEM COMO COLOCAR SILICONE NO CÉREBRO?
© ADÃO

ALINE, O RAIO-X NÃO ME DEIXA MENTIR...
...SEU CÉREBRO É MARAVILHOSO, POSSUI DIMENSÕES MAGNÍFICAS E UMA HARMONIA DE FORMAS...
PERAÍ QUE EU VOU NO BANHEIRO E JÁ VOLTO!
© ADÃO

OTTO TRABALHA NUMA LOJA DE ROUPAS.
ESTA CALÇA FOI CONSTRUÍDA POR NOSSOS ENGENHEIROS...
ELA FOI TODA DESESTRUTURADA SEGUINDO OS MAIS MODERNOS PADRÕES ERGONÔMICOS...
© ADÃO
MAS EU SÓ QUERIA UMA CALÇA!

CHEGOU A TOPMODEL NÚMERO UM DO MUNDO! ATENDE ELA!
©ADÃO
DESEJA ALGUMA COISA?

VOU EXPERIMENTAR ESTE!
ESSE É 36! VOU BUSCAR O 44!
VOU EXPERIMENTAR O 36!! QUAL É O PROBLEMA?!!
©ADÃO
FICOU BOM?
JOIA!

OTTO TRABALHA NUMA LOJA DE ROUPAS.
ADOREI ESTA MINISSAIA! VOU LEVAR!
SEU PAI NÃO VAI CURTIR...
PAIÊÊ!!!
QUE FOI FILHO?
© ADÃO

QUE FAZEMOS COM O OTTO? ELE TÁ VICIADO EM TELEVISÃO!
VAMOS AMARRÁ-LO!
© ADÃO

TV TV TV TV TV TV!
© ADÃO
OTTO! CHEGA DE ASSISTIR TELEVISÃO!
VAI FAZER OUTRA COISA!
© ADÃO

©ADÃO
TOPAS UM PROGRAMA?

QUE FAZEMOS COM O OTTO? ELE TÁ VICIADO EM TELEVISÃO!
TIVE UMA IDEIA!
©ADÃO
VOCÊ TÁ COM UMA ESPINHA HORROROSA NA COXA!

FIQUEI **NUA** NA FRENTE DO OTTO E ELE NÃO DESGRUDOU O OLHO DA **TV**!
COLOCA UMA ROUPA SAFADINHA!
©ADÃO
ACABEI DE VER O COMERCIAL DESSA **LINGERIE**!...
NA TV PARECIA BEM MAIS LEGAL!

OTTO! PARA UM POUCO DE OLHAR TELEVISÃO! VOCÊ TÁ **VICIADO**!!
DESSE JEITO VOCÊ VAI **PERDER** SEU EMPREGO, PERDER SUA FAMÍLIA...
©ADÃO
CALA A BOCA, SENÃO EU VOU **PERDER** A NOVELA!

NOSSA! OS MEUS PEITOS ESTÃO FICANDO **CAÍDOS**!
OU EU FAÇO UM IMPLANTE DE **SILICONE!**
OU PEÇO PRA **REVOGAR** A LEI DA GRAVIDADE!
©ADÃO

ZÉ! VOCÊ ACHA QUE EU PRECISO **AUMENTAR** OS PEITOS?
NADA! ELES ESTÃO LINDOS ASSIM!
Bar
Café
©ADÃO
A DONZELA DESEJA ALGUMA COISA?
ZÉ! EU CHEGUEI PRIMEIRO!

NÃO TENHO GRANA PRA AUMENTAR OS PEITOS!
JÁ SEI! VOU LIGAR PRA MINHA MÃE! ELA JÁ COLOCOU SILICONE!
SIM, FILHA! CONHEÇO UM CIRURGIÃO QUE COBRA BARATINHO!
© ADÃO

ESTA É A CLÍNICA DE CIRURGIA PLÁSTICA MAIS BARATA QUE TEM!
POR QUE É TÃO BARATA?
SEI LÁ!
EU VIM FAZER UMA RECLAMAÇÃO!!
© ADÃO

ISSO EU NÃO VOU PERMITIR, MINHA FILHA!
PRA QUÊ VOCÊ QUER COLOCAR **SILICONE** NO PEITO?
©ADÃO
PRA FICAR PARECIDA COM ESSAS... **GOSTOSAS**?

O PAI DA ALINE ESTÁ FULO...
MINHA FILHA QUER PÔR SILICONE NO **PEITO**!
SILICONE É REPUGNANTE!
ME VÊ UMA CERVEJA!
©ADÃO
QUAL CERVEJA?
Beba
A DO CARTAZ!

SERÁ QUE EU PRECISO COLOCAR **SILICONE** NO PEITO?
HMM... TENHO QUE DAR UMA **SACADA** MELHOR!
©ADÃO
E ENTÃO?
NÃO POSSO DAR OPINIÃO! É **ANTIÉTICO!**

ALINE, PARA COM ISSO!!
©ADÃO
SE VOCÊ CONTINUAR ME **MOSTRANDO** OS PEITOS...
...VOU SER OBRIGADO A...
...**BAIXAR** O PREÇO DA CONSULTA!

ESPELHO, ESPELHO MEU...
EXISTE ALGUÉM COM O **PEITO** MAIS BONITO, MAIS ROLIÇO, MAIS EMPINADO...
...MAIS DURINHO, MAIS FORMOSO, MAIS MAGNÍFICO, MAIS BELO, MAIS PERFEITO DO QUE O **MEU** ?
© ADÃO

© ADÃO
CLÍNICA DE CIRURGIA PLÁSTICA

POR QUE VOCÊ NÃO COMPRA UM SUTIÃ DE ENCHIMENTO?
IA VALORIZAR SEUS PEITOS!
© ADÃO
OLHA O PEITÃO DELA!
VALE UNS CEM REAIS!

ESQUEÇA ESSA BESTEIRA DE SILICONE, ALINE! ESTÁ NA HORA DE RESGATAR SUA AUTOESTIMA!
DIPLOM
© ADÃO
FLUP

GINÁSTICA PARA EMPINAR OS SEIOS
FUNCIONA!!!
©ADÃO

©ADÃO
PIZZA
PIZZA
ALÔ?..É'DA PIZZARIA?..
HOUVE UM ENGANO!
EU PEDI UM **MORENO**
E NÃO UM LOIRINHO!

POR QUE VOCÊ NÃO FAZ UMA FACULDADE, PEDRO?
EU ME PREOCUPO COM O SEU **FUTURO**!
© ADÃO
SE VOCÊ FOR PRESO VAI PRA UMA CELA **ESPECIAL**!

TÁ A FIM DE **TRANSAR** COMIGO?
NÃO!
VOCÊ NÃO SABE O QUE **EU** ESTOU PERDENDO!

PRECISO VER O MEU SALDO!...
...SEU SALDO DISPONÍVEL É DE... SETECENTOS E TRINTA E DOIS REAIS E VINTE CENTAVOS...
...NEGATIVO!
©ADÃO

QUE CARA É ESSA, ALINE?
TÔ COMPLETAMENTE SEM GRANA!
VOU TER QUE FAZER ALGUM BICO...
COM ESSE BICO VOCÊ VAI GANHAR UMA FORTUNA!

PAI! TEM UMA GRANA PRA ME EMPRESTAR?
CLARO!
VOCE VAI QUERER QUANTO?
CINCO... DEZ... OU CINQUENTA CENTAVOS?
© ADÃO
SEM GRANA, ALINE VAI AO SUPERMERCADO FAZER UMAS "COMPRINHAS"!
NÃO VAI LEVAR NADA?
NÃO! TÔ DE DIETA!

A GENTE TÁ DURO E VOCÊ AINDA COMPRA **CERVEJA**?!
PÔ! UMA CERVEJINHA NÃO É NADA DEMAIS!
© ADÃO
PATÊ DE TRUTA DEFUMADA COM MOLHO DE MOSTARDA DIJON?!!

ESTAMOS PRECISANDO DE UMA GAROTA PRA FAZER **STRIPTEASE**!
NÃO TEM UMA COISA MAIS "FAMÍLIA"?
FAMÍLIA?!!
AQUI É PROIBIDO ESSE TIPO DE **DEPRAVAÇÃO**!
© ADÃO

LIVRARIA
ABERTO
DINHEIRO NÃO TRAZ FELICIDADE
J. P. RAWLING
© ADÃO
QUANTO CUSTA ESSE LIVRO?
CEM REAIS!

MINHA CONTA **ESTOUROU**! PRECISO FALAR COM MEU GERENTE!
Banco
CAIXA
PROCURA-SE
VIVA OU MORTA
PROCURA-SE
VIVA OU MORTA
© ADÃO

O BANCO SÓ LHE DARÁ UM **EMPRÉSTIMO** SE VOCÊ NOS DER GARANTIAS...
VOCÊ VAI PRECISAR DE UM **FIADOR**!
©ADÃO
ENFIADOR?!

ALINE NO BANCO...
QUANDO O **BRUTO** SUBIR, APLICA TUDO NO FUNDO!
DEPOIS TIRA DO FUNDO, PÕE NA **POUPANÇA** E DEIXA LÁ UM TEMPO!...
NÃO ESQUEÇA DE RETER O LÍQUIDO!
©ADÃO
O **PREGÃO** DA BOLSA CAIU!

VÃO A UM MOTEL!
QUAL SUITE VOCE ALUGOU?
A EGÍPCIA?..
JAPONESA?
MEDIEVAL?..
DOW JONES
WALL STREET!
© ADÃO

ALINE E SEU GERENTE DE BANCO.
EI! ESSE AQUI NÃO FOI O VALOR QUE COMBINAMOS!
É QUE EU DESCONTEI 0,4% DE CPMF!
CPMF?
CONTRIBUIÇÃO PROVISÓRIA SOBRE MOVIMENTAÇÕES FORNICATÓRIAS!
© ADÃO

EI! O QUE VOCÊ ESTÁ FAZENDO?!...UM **CHEQUE?!**
TÁ ME ACHANDO COM CARA DE PROSTITUTA?
© ADÃO
VOCÊ ESQUECEU DE ESCREVER OS **CENTAVOS!**

EU FIZ SEXO POR **DINHEIRO!**
ALINE! VOCÊ VIROU PROSTITUTA?
...
ESPERO QUE TENHA COBRADO **BEM**, PELO MENOS!
© ADÃO
EU NÃO COBREI, **PAGUEI!**

VOU ESCREVER UM LIVRO DE MINHAS **MEMÓRIAS SEXUAIS**!
VOCÊS NÃO VÃO FICAR COM CIÚMES, VÃO?
VAI TER QUE TER UNS **DOZE** VOLUMES!
© ADÃO

VOU ESCREVER UM LIVRO DAS MINHAS **MEMÓRIAS SEXUAIS**!
VÃO SER DOIS VOLUMES: **A.C.** E **D.C.**!
ANTES DE CRISTO E DEPOIS DE CRISTO?
NÃO! ANTES DO **CASAMENTO** E DEPOIS DO CASAMENTO!
© ADÃO

ALINE! SOU CONTRA VOCÊ LANÇAR UM LIVRO COM SUAS MEMÓRIAS SEXUAIS!
NA RUA, TODO MUNDO VAI TE CHAMAR DE VAGABUNDA!
JURA?
UAU! EU VOU FICAR COM O MAIOR TESÃO!
© ADÃO

AS MEMÓRIAS SEXUAIS DE ALINE...
...NAQUELA NOITE FUI POSSUÍDA POR DOZE GARANHÕES...
ISSO É TUDO FICÇÃO, NÉ?
NÃO!..
© ADÃO
...É FRICÇÃO!

...INEBRIADA DE PRAZER, ARRANQUEI VIOLENTAMENTE SUA CALÇA...
OTTO! PEDRO! "BEM-DOTADO" É COM HÍFEN OU SEM?
ALINE!!! VAI SE DANAR!!!
©ADÃO

PRA SE VINGAR DE ALINE, OTTO E PEDRO ESCREVEM SUAS MEMÓRIAS SEXUAIS...
IH, DEU BRANCO!
E AQUELA MENINA QUE VOCÊ TEVE UM ROLO?.. A CIDA!
ELA NÃO QUIS DAR PRA MIM!
©ADÃO
E AQUELA QUE VOCÊ FICOU... A SANDRA!
EU BROXEI COM ELA!

NÃO LEMBRO DE NADA PRO LIVRO DE NOSSAS MEMÓRIAS **SEXUAIS**!
VAMOS DAR UMA VOLTA PRA VER SE A GENTE CONSE-GUE ALGO...
O CACHORRINHO TEM TELEFONE?
EU FALEI COM O CACHORRINHO!
©ADÃO

COMO VOCÊ ESTÁ ORGANIZANDO SEU LIVRO DE MEMÓRIAS SEXUAIS?
POR CATEGORIA PROFISSIONAL!
COMO ASSIM?
©ADÃO
CAPÍTULO 1: ENCANADORES... CAPÍTULO 2: MESTRES DE OBRAS... 3: ESTIVADORES...

©ADÃO
...ELE ME AGARROU POR TRÁS E SEGUROU MEUS PEITOS COM SUAS MÃOS ENORMES...
AONDE VOCÊ VAI, ALINE?
NO BANHEIRO!

...QUANDO ENTREI NO VESTIÁRIO MASCULINO O TIME INTEIRO DE FUTEBOL ME ESPERAVA SÓ DE TOALHINHA...
O QUE VOCÊ ESTÁ **LENDO** OTTO?
AS MEMÓRIAS SEXUAIS DA ALINE!
O PIOR É QUE AQUILO ME **EXCITOU**!
MAIS TRINTA ANOS DE ANÁLISE!!
©ADÃO

OTTO E PEDRO ESCREVEM SUAS MEMÓRIAS SEXUAIS...
ELA ME DEU UM BEIJO E ENFIOU SUA LÍNGUA MOLHADA NA MINHA BOCA...
TÉC
...O SUOR DE SEU ROSTO ME LAMBUZAVA E NOSSAS SALIVAS SE CONFUNDIAM...
© ADÃO
BLAGH!!
IÉÉQ!!

NA MINHA ADOLESCÊNCIA MANTIVE UM RELACIONAMENTO ÍNTIMO E DURADOURO COM MANUELA...
TÉC TÉC
NUNCA OUVI FALAR DESSA **MANUELA**!
É O APELIDO DA MINHA MÃO!
© ADÃO

ALINE ESCREVE SUAS MEMÓRIAS SEXUAIS...
©ADÃO
PELAS MINHAS CONTAS EU JÁ TRANSEI COM 457 HOMENS!
TEM UMA CALCULADORA?
PRA QUÊ?
PRA VER QUANTO ISSO DÁ EM CENTÍMETROS!
©ADÃO

PAI! ESTOU ESCREVENDO UM LIVRO!
MINHA FILHA VAI SER ESCRITORA?! ISSO MERECE UMA COMEMORAÇÃO!
GARÇOM! DOIS CHOPES!
©ADÃO
SOBRE O QUE VAI SER O LIVRO?
MINHAS MEMÓRIAS SEXUAIS!
E UM UÍSQUE DUPLO! PODE TRAZER A GARRAFA!
POR QUE ESSA CARA, ESTEVAN?
MINHA FILHA VAI ESCREVER UM LIVRO DE MEMÓRIAS SEXUAIS
QUE HORROR!! VOCÊ PRECISA IMPEDIR ELA DE FAZER ISSO!
VOCÊ É O PRIMEIRO AMIGO QUE ME APOIA!
É QUE ELA PODE ME COLOCAR NO LIVRO!

ENVIEI UM **E-MAIL** COM O MEU LIVRO DE MEMÓRIAS SEXUAIS PARA UM EDITOR...
VAMOS VER SE ELE ME RESPONDE...
© ADÃO
ME ENCONTRE ÀS 19 HORAS NO MOTEL **LE COPULA**!

ALINE MOSTRA SEU LIVRO A UM EDITOR!
ARGH! QUE COISA HORRÍVEL!! INTRAGÁVEL!!
ENRY MILLER
SECRETÁRIA!!
EU VOU EMBORA!
EU ESTAVA FALANDO DO CAFEZINHO!
© ADÃO

E ENTÃO?
CONSEGUI UMA EDITORA PRA PUBLI-CAR MEU LIVRO!
E NEM PRECISEI IR PRA CAMA COM O EDITOR...
FIZEMOS NO SOFÁ MESMO!
© ADÃO

SESSÃO DE AUTÓGRAFOS DO LIVRO DE MEMÓRIAS SEXUAIS DA ALINE...
© ADÃO
ALINE

O PAI DA ALINE RESOLVE ESCREVER UM **LIVRO**...
...NÃO TÁ SAINDO! PRECISO DE UM CAFÉ!
PRECISO DE UM CIGARRO!
PRECISO DE **TALENTO**!
© ADÃO

ANTES DE ESCREVER SUA OBRA-PRIMA, ESTEVAN BOLA UM NOME ARTÍSTICO...
MM... ESTEVAN FITZGERALD MILLER...
...ESTEVAN LAWRENCE JOHNSON... ESTEVAN ARTHUR PARKER... ESTEVAN P.E. LEWIS...
© ADÃO
JÁ SEI!
ESTEVAN **CATAMILHO**!

ESTEVAN DECIDE ESCREVER UM ROMANCE **POLICIAL**.
SÓ FALTA UM UM ASSASSINATO!
Era domingo, quase meia-noite. Manuela caminha em direção da entrada do metrô. O lugar estava escuro e deserto.
Ela mal sabia que sua vida estava por um fio, um fio de navalha. Na escada é seguida por um vulto...
QUE CARA É ESSA, ESTEVAN?
FIQUEI COM **MEDO**!

ESTEVAN PROCURA UM EDITOR DE LIVROS.
SEU ESTILO É MUITO TRADICIONAL, CARETA...
VOCÊ DEVE OUSAR, ESCREVER DE UM JEITO DIFERENTE!
SÓ!
TEC TEC TEC TEC TEC
© ADÃO
SEU JEITO DE ESCREVER É DIFERENTE DO USUAL!
TENHO INFLUÊNCIA DA GERAÇÃO BEAT! ESCREVO ESPONTANEAMEN TE, SEM USAR VÍRGULA!
SEM VÍRGULA, SEM PONTO, SEM ACENTO, SEM HÍFEN...
© ADÃO

ESTEVAN PROCURA UM EDITOR DE LIVROS.
QUEM SÃO SUAS INFLUÊNCIAS LITERÁRIAS?
ERMELINDA DOS SANTOS NEVES!
NUNCA OUVI FALAR DELA! QUEM É?
MINHA PROFESSORA DE PORTUGUÊS DO **PRIMÁRIO**!
©ADÃO

LINDA!! PREPARA UM SANDUÍCHE PRA MIM!!
MAIS UM SANDUÍCHE?!
É QUE EU ESTOU EM FASE DE CRESCIMENTO!
CRESCIMENTO DE **BARRIGA**!
©ADÃO

O PAI DA ALINE ESCREVE UM LIVRO...
TEC TEC TEC TEC
PÔ, LINDA!! PARA COM ESSE BARULHO! TÁ ATRAPALHANDO MINHA CONCENTRAÇÃO!!
©ADÃO
QUE BARULHO?
SUA RESPIRAÇÃO!
VOU ESCREVER EM OUTRO LUGAR! AQUI NÃO CONSIGO ME CONCENTRAR!

ESTEVAN RESOLVE ESCREVER NO BAR.
TEC TEC TEC TEC
NÃO ME OLHA COM ESSA CARA, ZÉ!..
EU VOU ATRAIR UM MONTE DE GENTE PRO SEU BAR!
O CARRO ESTACIONADO EM CIMA DA CALÇADA É SEU?
© ADÃO
SOU ESTEVAN CATAMILHO, ESCRITOR... QUER SER MINHA MUSA INSPIRADORA?
E O QUE EU PRECISO FAZER PRA SER SUA MUSA INSPIRADORA?
© ADÃO
PODE COMEÇAR ME PAGANDO UMA **CERVEJA**!

AS MEMÓRIAS SEXUAIS DE ALINE
UMA VEZ ME APAIXONEI POR UM PROFESSOR...
© ADÃO
ELE LECIONAVA MATEMÁTICA!
X = √2 / y
a² + x ÷ y
COM ELE EU TINHA ORGASMOS MÚLTIPLOS DE 3!
OOH OOH OOH !!
OOH OOH !! OOH
OOH OOH !! OOH

AS MEMÓRIAS SEXUAIS DE ALINE
ESTAVA PRECISANDO INCREMEN-TAR MINHA VIDA SEXUAL.
PASSEI NUM SEX SHOP...
SEXSHOP
OPE
© ADÃO

AS MEMÓRIAS SEXUAIS DE ALINE
EU ESTAVA MUITO INTERESSADA POR AQUELE RAPAZ.
MAS ELE NÃO DAVA A MÍNIMA BOLA PRA MIM.
RESOLVI JOGAR TODO O MEU **CHARME** PRA CIMA DELE!
©ADÃO

AS MEMÓRIAS SEXUAIS DE ALINE
O LUGAR MAIS **ESTRANHO** NO QUAL JÁ FIZ SEXO?
NUMA CAMA!
©ADÃO

AS MEMÓRIAS SEXUAIS DE ALINE
QUERIA MUITO FICAR COM O JUJU...
©ADÃO
TINHAM ME DITO QUE ELE ERA UMA **MÁQUINA** DE FAZER SEXO!
O PROBLEMA ERA O MANUAL DE INSTRUÇÕES!

AS MEMÓRIAS SEXUAIS DE ALINE
SEMPRE QUIS FAZER SACANAGEM NO **CINEMA**...
MAS TINHA ALGUMA COISA ERRADA!
©ADÃO
O FILME!

CONSEGUI UM TRABALHO DE SAXOFONISTA!
QUE LEGAL!! AONDE?
PARECE QUE VOU TOCAR NUMA **ORQUESTRA**!
©ADÃO
RESTAURANTE
ORQUESTRA
COMIDA A KILO

PEDRO ATRÁS DE UM EMPREGO...
MINHAS INFLUÊNCIAS SÃO CHARLIE PARKER, JOHN COLTRANE, MILES DAVIS... O BEBOP É MINHA PAIXÃO!
©ADÃO
MAS POSSO FAZER UMA CONCESSÃO COM UM JAZZ FUSION!
SÓ UMA COISINHA...
SABE TOCAR O **O BIFE**?

UAU! VOCÊ É SAXOFONISTA... TOCA EM QUE **BANDA**?
TOCO NUM RESTAURANTE...
...A KILO!
FUI
© ADÃO

PEDRO TOCA NUM RESTAURANTE...
AGORA VOU TOCAR UMA MÚSICA DO SAXTENORISTA JOHN COLTRANE!
© ADÃO
COLTRANE DESENVOLVEU UM ESTILO ESTILO PRÓPRIO DE LONGAS FRASES TOCADAS EM LEGATO...
PEGA LEVE, PEDRO!...
TÁ TENDO UMA CONVENÇÃO DE **CAMINHONEIROS**!

VOCÊ FAZ FREELANCE?
COM CERTEZA!
TOPAS FAZER UMA SERENATA PRA MINHA **SOGRA**?
©ADÃO

VOCÊ ESTÁ DESPERDIÇANDO SEU TALENTO NESTE RESTAURANTE! TENHO UMA PROPOSTA PRA VOCÊ...
4
3
2
1
T

ALINE! VOCÊ PEDIU UMA PIZZA?
ÃRRÃ!
MAS VOCÊ TÁ COM **FOME**?
MUITA!
NÃO POSSO ENTRAR EM CASA COM A ROUPA CHEIRANDO A SEXO...
O OTTO E O PEDRO VÃO **DESCONFIAR** DE MIM!
© ADÃO

ISSO SÃO HORAS DE CHEGAR, ALINE?
ONDE VOCÊ ESTAVA?
NÃO VENHA COM NENHUMA DESCULPA **ESFARRAPADA**!
© ADÃO

BOA NOITE!
© ADÃO
SE LIGA, PEDRO! QUANDO ELA **TRAI** A GENTE, COSTUMA TER SONO PESADO!
ZZZZZ

A ALINE **SORRI** QUANDO TÁ TENDO UM SONHO ERÓTICO!
© ADÃO
SERÁ?
ALGUÉM TEM UM CIGARRINHO?

© ADÃO
QUE TROÇO É ESSE, OTTO?
É UM APARELHO PRA GENTE PODER **ASSISTIR** OS SONHOS ERÓTICOS DA ALINE!
IH! O NOSSO NOME **NÃO** TÁ NOS CRÉDITOS!

OTTO E PEDRO USAM UM APARELHO PARA ASSISTIR OS SONHOS ERÓTICOS DE ALINE...
IH, ESTAMOS FERRADOS!
© ADÃO
DIREÇÃO:
BUTTMAN
UM APARELHO PERMITE ASSISTIR OS SONHOS ERÓTICOS DE ALINE...
VAMOS CUIDAR PRA NOTÍCIA...
© ADÃO
... NÃO **VAZAR**!!

VAMOS INTERFERIR NOS SONHOS ERÓTICOS DA ALINE!
DEU CERTO!
A GENTE TÁ APARECENDO!
NOSSA! TIVE UM **PESADELO** ERÓTICO!
© ADÃO

NOS MEUS SONHOS ERÓTICOS SEMPRE APARECE UM MONTE DE **PATOS**!
DIPLOM
O QUE SERÁ QUE ISSO SIGNIFICA, DOUTOR?
QUAC!
DIPLOMA
© ADÃO

PAI?!! O QUE ACONTECEU?!!
LINDA E EU BRIGAMOS!
MAS QUAL FOI O MOTIVO?
ELA É MUITO INFANTIL!
©ADÃO
QUERIA BRINCAR COM MEU **FALCON**!

PAI! O QUE ACONTECEU?!!
LINDA ME EXPULSOU DE CASA!
VOU VOLTAR LÁ E DIZER UMAS VERDADES A ELA!
EU TE AMO!
©ADÃO

PAI! VOCÊ TÁ COM A CARA TRISTE!
DEVE SER A CRISE DOS 40!
© ADÃO
TEM 40 PAUS PRA ME EMPRESTAR?

O PAI DA ALINE SE SEPARA...
VOCÊ TÁ LEGAL?
CLARO...
...SÓ VOU PEDIR UMA COMIDA!
ME VÊ UMA PIZZA PORTUGUESA...
...E 36 LATAS DE CERVEJA!
© ADÃO

O PAI DA ALINE SE SEPARA...
PAI! VOCÊ PODE FICAR NO QUARTO DOS FUNDOS!
VAI QUERER MAIS ALGUMA COISA?
SIM, UM QUARTO!
© ADÃO

O PAI DA ALINE...
QUERO FAZER UMA TATUAGEM!
Mr. TATOO
VAI SER UMA HOMENAGEM `A MINHA EX-MULHER!
JÁ ESCOLHEU O DESENHO QUE VAI TATUAR?
ESTE AQUI, NA MINHA BUNDA!
© ADÃO

O PAI DA ALINE LEVA UM FORA...
VOU VOLTAR PRA CASA E CONVERSAR COM LINDA!
SÓ NÃO SE **HUMILHE!**
PÉÉÉ ÉÉÉ
704
704
©ADÃO

O PAI DA ALINE SE **SEPARA...**
AI AI...
É TÃO BOM SER **LIVRE!...**
...QUANDO SE TEM **VINTE** ANOS DE IDADE!
©ADÃO

ESTEVAN, O PAI DA ALINE, LEVA UM FORA DE SUA MULHER...
ALÔ, DEUS?!
...ESTOU LIGANDO PRA SOLICITAR...
...O CANCELAMENTO DA MINHA **VIDA**!
©ADÃO
CÊ TÁ ASSISTINDO O QUÊ, PAI? NOVELA?
COMERCIAL DE MARGARINA!

PRA RECONQUISTAR LINDA COMPRA UM PRESENTE PRA ELA!
ALGO QUE A FAÇA SE SENTIR AMADA!
© ADÃO
VOCÊ NÃO PASSA DE UM IMATURO, COVARDE!
NÃO É BEM ASSIM!..

NÃO ADIANTA, ESTEVAN...
SÓ VOLTO SE VOCÊ **INVESTIR** NO RELACIONAMENTO!
EU TENHO 20 PAUS!
O PAI DA ALINE
LINDA! VAMOS VOLTAR! PROMETO QUE VOU MUDAR!
VOU SER MAIS CARINHOSO, TERNO, ATENCIOSO, AFÁVEL, CORTÊS, MELINDROSO, OBSEQUIOSO...
NOSSA! O QUE DEU EM VOCÊ?
COMPREI UM **DICIONÁRIO**!
©ADÃO

UMA SÉRIE COM MUITA
HISTÓRIA PRA CONTAR

Geração Beat | Santos Dumont | Paris: uma história | Nietzsche
Jesus | Revolução Francesa | A crise de 1929 | Sigmund Freud
Império Romano | Cruzadas | Cabala | Capitalismo | Cleópatra
Mitologia grega | Marxismo | Vinho | Egito Antigo | Islã | Lincoln
Tragédias gregas | Primeira Guerra Mundial | Existencialismo
Escrita chinesa | Alexandre, o Grande | Guerra da Secessão
Economia: 100 palavras-chave | Budismo | Impressionismo

Próximos lançamentos:
Cérebro | Sócrates
China moderna | Keynes
Maquiavel | Rousseau | Kant
Teoria quântica | Relatividade
Jung | Dinossauros | Memória
História da medicina
História da vida

L&PM POCKET ENCYCLOPÆDIA
Conhecimento na medida certa

IMPRESSÃO:

Santa Maria - RS - Fone/Fax: (55) 3220.4500
www.pallotti.com.br